JN159760

いっしょに探検！
日本の伝統文化と芸術
二

和歌・俳句・川柳を探検！

監修　文京学院大学外国語学部非常勤講師　稲田和浩

もくじ

第1章 和歌

クイズ …… 4
和歌ってなに？ …… 6
三大和歌集を探検！ …… 8
勅撰和歌集と私家集ってなに？ …… 10
小倉百人一首を探検！ …… 12
和歌の技巧を探検！ …… 14
近代の短歌を楽しもう！ …… 16
和歌を鑑賞しよう！ …… 18

おまけの探検

連歌 …… 20

第2章 俳句

クイズ …… 22
俳句の誕生 …… 24
俳句の形式ときまり …… 26
江戸時代の俳人を探検！ …… 28
季語を探検！ …… 30
近代～現代の俳人を探検！ …… 32
俳句を味わおう！ …… 34

●和歌、俳句、川柳などの表記や成立年代、解釈などには諸説ある場合があります。
●古典作品は、原則として歴史的かなづかいで表記し、現代かなづかいの読みをかっこ内に表記しています。漢字のふりがなは、現代かなづかいでつけています。句読点や送りがなを補っていることがあります。

第3章 川柳

クイズ……36
江戸時代に生まれた川柳……38
明治時代以降の川柳……40
川柳を楽しもう！……42

おまけの探検

狂歌……44
年表　和歌・俳句・川柳……46

古くから受けつがれてきた
日本の文化や芸術って、
どんなものがあるんだろう？
いっしょに探検してみよう！

第1章 和歌

中国の漢詩に対して、日本の伝統的な歌（詩）を、和歌とよびました。そのうちに、短歌とよばれる形の歌をさすようになりました。

歌と言っても音楽に合わせて歌うのではないね。

大昔からあったらしいよ。

クイズ1

和歌（短歌）は、何文字でつくられる？

6〜7ページを見よう。

❶ 12文字

❷ 17文字

❸ 31文字

©PIXTA

クイズ 2

和歌(短歌)は、どのように数える？

12ページを見よう。

これやこの行くも帰るもわかれては
知るも知らぬもあふさかの関

❶ 一玉、二玉…
❷ 二丁、二丁…
❸ 一首、二首…

クイズ 3

決まったある言葉に続く「枕詞」と、続く言葉の正しい組み合わせは？

14ページを見よう。

ちはやぶる	神
ひさかたの	山
あしびきの	光

©PIXTA

©PIXTA

©PIXTA

和歌ってなに？

和歌は、古くから日本でつくられてきた歌（詩）をさします。

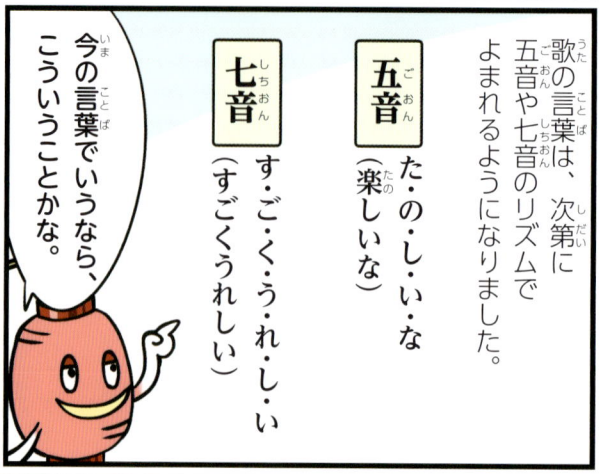

その組み合わせによって、いくつかの形式があり、それぞれに名前がついています。

片歌

5・7・7

旋頭歌

片歌を2回くり返す。

5・7・7・
5・7・7

短歌

5・7・5・7・7

長歌

5音・7音がくり返され、最後に7音をつける。

5・7・5・7・…
5・7…・7・7

ミニ情報　大昔の日本には文字がなく、いつごろから歌がよまれていたかはよくわかっていない。歌も口から口へと伝えられたと考えられる。後に文字が中国から伝わり、『万葉集』などに歌が記録された。

また、奈良の薬師寺にある、仏様の足あとを刻んだとされる仏足石には、5・7・5・7・7の歌が刻まれています。この形式の歌は、仏足石歌とよばれます。

仏足石歌

5・7・5・7・7・7・7

短歌に7音がつけ加えられているね。

時代が進むにつれて、短歌以外の歌はほとんどつくられなくなりました。

5・7・5・7・7

和歌といえば、5・7・5・7・7で合計三十一文字の短歌をさすようになりました。

『古今和歌集』の冒頭には、和歌について次のようにかかれています。

「やまとうたは、人の心を種として、万の言の葉とぞなれりける」
「力をも入れずして天地を動かし、目に見えぬ鬼神をもあはれと思はせ、男女のなかをもやはらげ、猛き武士の心をも慰むるは、歌なり」

「和歌は、人の心をもとにして、いろいろな言葉になった(ものである)。」「力を入れないで天地(の神々)を感動させ、目に見えない鬼神をもしみじみとした思いにさせ、男女の仲を親しくさせ、勇猛な武士の心を和らげるのは、歌なのである。」という意味です。和歌は、言葉で人の心を動かすということを述べています。

和歌(短歌)は、さまざまな形でよまれ、今に続いています。

題詠

歌合

贈答

屏風歌

和歌集

昔から今に続いているんだね。

ミニ情報

「題詠」は、決めておいた題に合う歌をよむこと。「贈答」は、男女が気持ちを伝えてやりとりすること。「歌合」は、歌の作者が左右に分かれ、同じ題で歌をよんで優劣を競う遊び。

三大和歌集を探検！

古くから、和歌を集めた和歌集がつくられました。『万葉集』、『古今和歌集』、『新古今和歌集』は、日本を代表する和歌集です。

むらさきの草がしげる御料地（朝廷が管理する土地）で、あなたが衣のそでをふって愛情を示している。番人に見られてしまうではありませんか。

『万葉集』

8世紀半ばにできたと考えられています。現在まで残っている歌集では最古のものです。20巻で構成され、全部で4500首あまりの歌が集められています。何回かに分けてまとめられ、最終段階では、歌人の大伴家持が関わったと考えられています。

内容

5世紀前半～8世紀半ばの約300年間によまれた長歌、短歌、旋頭歌などが収められています。歌の内容から、恋をよんだ相聞歌、だれかの死をいたむ挽歌、それ以外の自然や宮廷の儀式などをよんだ雑歌に分けられます。

特ちょう

天皇・皇族、貴族、役人、農民、兵士など、はば広い身分の人がよんだ歌が収められています。『万葉集』の時代はまだかな文字はなく、漢字の音を日本語の音にあてはめた万葉仮名で書かれています。素朴さや雄大さが感じられる歌が多いとされています。

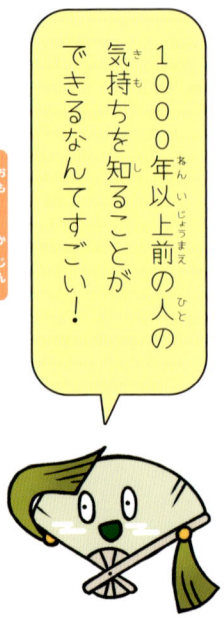

主な歌人

額田王
7世紀の皇族の女性。若いころから歌の才能を認められていた。朝廷の儀式などで歌をよんでいた。

柿本人麻呂
7～8世紀の歌人。朝廷に仕えて歌をつくっていた。短歌、長歌ともにすぐれ、後の時代には「歌聖」としてたたえられた。

山部赤人
7～8世紀の歌人。朝廷に仕えて歌をつくっていた。天皇が外出する際に同行してつくった歌が多くのこっている。

大伴坂上郎女
奈良時代の歌人。額田王に並ぶ女性歌人で、『万葉集』には84首の長歌と短歌が収められており、女性では最多。

山上憶良
660～733年。役人として朝廷に仕え、遣唐使の一員として唐（中国）にわたったこともある。家族への愛情をよんだ歌で知られる。

大伴家持
718?～785年。役人として各地におもむいた。『万葉集』の編さんに関わったともいわれ、約470首の歌が収められている。

ミニ情報　『万葉集』は、「心」を「許己呂」、「なつかし」を「奈津可之」のように、漢字の音を日本語の音にあてた「万葉仮名」で書かれている。中には、正しい読み方がわからなくなった言葉もある。

『古今和歌集』

平安時代前期につくられました。天皇の命でつくられた勅撰和歌集の最初のものです。紀友則、紀貫之、凡河内躬恒、壬生忠岑が編集して1100首の歌を集めました。

内容

約120人の歌人が約150年間によんだ歌が収められています。四季、離別(別れ)、恋、哀傷(死をいたむ)などの歌に分かれています。

特ちょう

技巧(わざ)を使い、優美で繊細な歌が多いとされています。後の時代まで和歌のお手本とされました。桜の花が散る様子をはかなく、美しいと見るなど、日本人の美意識のもとにもなっています。

主な歌人

小野小町

平安時代初期の歌人。絶世の美女ともいわれるが、くわしい生がいについては不明。歌にすぐれた六歌仙(→46ページ)の一人に選ばれている。『古今和歌集』には18首の歌が収められている。

紀貫之

9～10世紀の歌人。役人として朝廷に仕える。『古今和歌集』の選者の筆頭に選ばれ、自身の歌も101首収められている。女性が書いたという設定で『土佐日記』を著したことでも知られる。

凡河内躬恒

9～10世紀の歌人。役人として朝廷に仕える。歌にすぐれていたことから、朝廷で開かれる歌の会に参加した。『古今和歌集』には、紀貫之に次ぐ60首が収められている。

『新古今和歌集』

『古今和歌集』から約300年後の鎌倉時代初期につくられました。後鳥羽上皇の命により、名高い歌人の藤原定家が中心となって歌を選びました。

内容

約2000首の歌が収められています。四季、恋、離別、哀傷などのほか、宗教的な内容の歌も採用されています。

特ちょう

「幽玄(言葉以外にただよう静けさによる美しさ)」や「有心(はなやかさの中にただようさびしさといった余情の美しさ)」を重んじる歌が見られます。現実からはなれ、美しさを求める姿勢が歌に反映されています。

主な歌人

後鳥羽上皇

1180～1239年。平安時代末期～鎌倉時代初期の天皇・上皇。歌にすぐれ、歌会などもさかんに行った。鎌倉幕府をたおそうと承久の乱をおこしたが敗れて隠岐(島根県)に流され生がいを閉じた。

藤原定家

1162～1241年。「ていか」ともいう。『新古今和歌集』の選者の一人であるとともに、「小倉百人一首」を選んだことでも知られる。和歌の研究書など多くの本を書いた。

西行

1118～1190年。もとは佐藤義清という武士だったが、23歳で出家(僧になること)し、各地を旅した。武士のころから歌をよみ、歌で知られるようになった。『山家集』という歌集もある。

ミニ情報

『古今和歌集』という書名には、『万葉集』に入らない古い歌と、選者たちの時代である今の新しい歌を集めた歌集であるという意味がある。

勅撰和歌集と私家集ってなに？

和歌集には、天皇や上皇の命でつくられた勅撰和歌集や、個人の和歌を集めた私家集などがあります。

勅撰和歌集

平安時代から室町時代まで、21の勅撰和歌集がつくられました。これを二十一代集といいます。

「古今和歌集」より

秋来ぬと目にはさやかに見えねども
風の音にぞおどろかれぬる

藤原敏行

現代語訳 秋が来たと、目ではっきりわからないが、聞こえてくる風の音に秋を感じてびっくりさせられることであるよ。

「拾遺和歌集」より

こちふかばにほひおこせよ梅の花
あるじなしとて春を忘るな

菅原道真

現代語訳 私は遠い所へ行ってしまうが、梅の花よ、春になって東からの風がふいたらまたさいて、かおりを送っておくれ。主人がいなくとも春を忘れないでほしい。

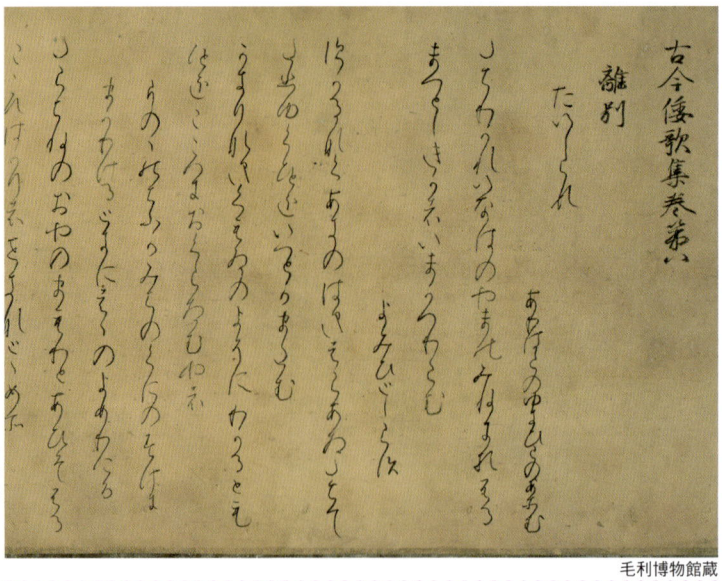

毛利博物館蔵

初めてつくられた勅撰和歌集『古今和歌集』。仮名序には、和歌の心についての言葉が書かれている（→7ページ）。

「後拾遺和歌集」より

沖つ風ふきにけらしな住吉の
松のしづ枝をあらふ白波

源経信

現代語訳 沖合で強い風がふいたのだなあ。住吉の浜の松の木の下の枝を、打ち寄せる白い波が洗っている。

私家集

個人の歌を集めた私家集も古くからつくられていました。

「和泉式部集」

解説 平安時代中期の歌人、和泉式部の歌を集めた私家集。和泉式部は、朝廷に仕えた女房で、恋多き女性といわれ、情熱的な歌をよんだことで知られる。

黒髪の乱れも知らずうちふせば
まづかきやりし人ぞ恋しき

現代語訳 黒髪が乱れるのも気づかず横になると、まず髪をかき上げてくださったあの方のことが恋しくてたまらないことだ。

「散木奇歌集」

解説 平安時代後期の歌人、源俊頼の歌集。10巻に1600首余りを、春、夏、秋、冬などに分類して収める。「散木」は、役に立たない木のことで、けんそんしてつけたもの。

庭もせにひきつらなれるもろひとの
たちるるけふや千世の初春

現代語訳 朝廷の庭に多くの人がいてにぎわっている。新しい年の始まる今日は、天皇の御代がいつまでも続くめでたさを表している。

ミニ情報 勅撰和歌集（勅撰集）は、天皇・上皇の命でつくられるもので、国家事業ともいえ、一流の歌人が選者に任命された。勅撰集に歌が選ばれることは、たいへん名誉なことだった。

時代	順	名前	天皇（上皇）
平安	1	古今和歌集	醍醐天皇
	2	後撰和歌集	村上天皇
	3	拾遺和歌集	花山院
	4	後拾遺和歌集	白河天皇
	5	金葉和歌集	白河院
	6	詞花和歌集	崇徳院
	7	千載和歌集	後白河院
	8	新古今和歌集	後鳥羽院
	9	新勅撰和歌集	後堀河天皇
	10	続後撰和歌集	後嵯峨院
	11	続古今和歌集	後嵯峨院
	12	続拾遺和歌集	亀山院
	13	新後撰和歌集	後宇多院
	14	玉葉和歌集	伏見院
	15	続千載和歌集	後宇多院
	16	続後拾遺和歌集	後醍醐天皇
鎌倉	17	風雅和歌集	花園院（光厳院）
南北朝	18	新千載和歌集	後光厳天皇
	19	新拾遺和歌集	後光厳天皇
	20	新後拾遺和歌集	後円融天皇
室町	21	新続古今和歌集	後花園天皇

十三代集　八代集　三代集

「千載和歌集」より

さざなみや志賀の都はあれにしを
昔ながらの山桜かな

読み人知らず

現代語訳 昔、都が置かれていた志賀（大津）は、すっかりあれてしまったが、美しい山桜は、昔と変わらずさいている。

読み人知らずで勅撰集に

右の「さざなみや～」の歌は、平忠度の歌ですが、『千載和歌集』には、読み人知らず（作者不明）として収められています。平忠度は、権勢をふるった平氏一門の武将で、都落ちすることになった際に和歌の師である藤原俊成に歌を書いた巻き物を預け、「一首でも勅撰集に採用してほしい」といい、その後戦死しました。俊成は忠度の歌一首を『千載和歌集』にのせましたが、朝廷の敵であることをはばかって読み人知らずとしたのです。

「山家集」

解説 平安時代末期～鎌倉時代初期の歌人、西行の歌を集めた歌集。平安時代末期にできたと考えられている。1500首余りの歌を、四季、恋、雑に分けて収める。

心なき身にもあはれは知られけり
鴫立つ沢の秋の夕暮れ

現代語訳 おもむきを理解しない僧の私にも、しみじみとしたおもむきが自然と感じられるなあ。しぎが飛び立つ沢の夕暮れだ。

「長秋詠藻」

解説 平安時代末期～鎌倉時代初期の歌人、藤原俊成の歌集。1178年にできた。みずから選んだ歌に、後に子孫が加えたもの。藤原俊成は定家の父で、『千載和歌集』の選者でもある。

春きぬとそらにしるきは春日山
みねの朝日のけしきなりけり

現代語訳 春が来たとなんとなく感じられる。春日山に朝日がさす風景を見ると、そう思う。

「金槐和歌集」

解説 鎌倉幕府三代将軍の源実朝の歌集。実朝は、藤原定家を師として歌を学んだ。『万葉集』の歌に通じる力強い歌をよんだ。

大海の磯もとどろに寄する波
われてくだけてさけて散るかも

現代語訳 大海の磯がとどろくほどにあらあらしく寄せてくる波だ。割れてくだけてさけて散っている。

ミニ情報 勅撰集に対して、個人的な立場で多くの人の歌を集めた歌集は、「私撰集」という。『万葉集』は、代表的な私撰集のひとつ。私家集は、ひとりの歌人の歌だけを集めた歌集をいう。

小倉百人一首を探検！

すぐれた歌人だった藤原定家が、古くからの歌人100人の歌を一首ずつ選びました。これが「小倉百人一首」です。

藤原定家の山荘があった小倉山（京都府京都市）。

©PIXTA

小倉百人一首とは？

知り合いに「別荘のふすまにはる歌を選んでほしい」とたのまれた定家が、名歌100首を選んだと伝えられています。定家がこれを選んだ山荘が、京都の小倉山のふもとにあったため、「小倉百人一首」とよばれます。

和歌の名手、藤原定家

「小倉百人一首」を選んだ藤原定家は、平安時代末期～鎌倉時代に活やくした歌人で、和歌の名手としてたいへん名高い人物です。『新古今和歌集』や『新勅撰和歌集』の選者で、『源氏物語』などの研究をしたことでも知られています。

選ばれた100首の歌は…

定家は、100首の歌をそれまでの勅撰和歌集（→10～11ページ）の中から選びました。平安時代初期から鎌倉時代までの約350年間にわたる勅撰和歌集からの歌が選ばれています。100人の歌人は、男性79人、女性21人で、男性のうち13人が僧です。

歌の内容からは春、夏、秋、冬、恋、雑などに分けられますが、最も多いのは恋の歌で、43首が選ばれています。定家は、恋の歌を好んだのかもしれません。

春	6首
夏	4首
秋	16首
冬	6首

雑	20首
恋	43首
離別	1首
旅	4首

ミニ情報 藤原定家は、101人の歌人の101首を集めた「百人秀歌」も選んでいる。「百人秀歌」のうち、97首は「小倉百人一首」と共通であり、「百人秀歌」をもとに後の人が手を加えたとする説もある。

小倉百人一首の名歌

「小倉百人一首」は、名高い歌人の藤原定家が選んだことから、和歌のお手本とされ、歌の意味や技巧を解説する本が書かれました。江戸時代には、かるた遊びと結びついて、多くの人に親しまれました。

左は、江戸時代につくられた小倉百人一首のかるた(復刻)。

夜をこめて鳥のそら音ははかるとも
よに逢坂の関はゆるさじ
清少納言

大石天狗堂

朝ぼらけ有明の月と見るまでに
吉野の里に降れる白雪
坂上是則

村雨のつゆもまだ干ぬまきの葉に
きり立ちのぼる秋の夕暮
寂蓮法師

春過ぎて夏来にけらし白妙の
衣ほすてふ天の香具山
持統天皇

現代語訳 春が過ぎて、夏がやってきた。夏に白い衣を干すという香久山でわかる。

ちはやぶる神代もきかず竜田川
からくれなゐに水くくるとは
在原業平

現代語訳 前代未聞のことだ。紅葉が竜田川をしぼり染めのようにいろどるとは。

めぐりあひて見しやそれともわかぬ間に
雲がくれにし夜半の月かな
紫式部

現代語訳 久しぶりに会えたのに、雲にかくれる月のようにお帰りになってしまった。

さびしさに宿を立ち出でてながむれば
いづこも同じ秋の夕暮れ
良暹法師

現代語訳 さびしさから家を出て見わたすと、どこもさびしい秋の夕暮れだ。

忍ぶれど色にいでにけりわが恋は
ものや思ふと人の問ふまで
平兼盛

現代語訳 かくしていた恋心が出てしまった。「もの思いしている」と聞かれるほどに。

恋すてふわが名はまだきたちにけり
人しれずこそ思ひそめしか
壬生忠見

現代語訳 恋しているとうわさになってしまった。ひそかに思い始めたばかりなのに。

平兼盛と壬生忠見の歌は、「恋」をテーマにした「題詠」の歌で、歌のできを競う歌合でつくられたもの。勝ったのは平兼盛で、負けた壬生忠見はショックのあまり死んでしまったという。

百人一首の競技会

小倉百人一首を使ったかるた遊びは、和歌の下の句(後半の七七)を書いた取り札を散らしておき、上の句(前半の五七五)を読み上げてすばやく取ることを競います。明治時代以降には、競技会も開かれています。

提供：一般社団法人全日本かるた協会

百人一首の競技会の様子(2025年)。1対1で対戦し、どちらが早く持ち札をなくすかを競う。勝ちぬくには、記憶力のほか、体力も必要とされる。

ミニ情報 百人一首を用いるかるた遊びでは、読み札（上の句）の何字かを読まないと、別の歌との区別がつかないものがある。ただし、「む・す・め・ふ・さ・ほ・せ」で始まる歌は１首ずつしかない。

和歌の技巧を探検！

31文字という短い歌に思いをじゅうぶんにこめるために、和歌には、さまざまな技巧がこらされています。

枕詞

ある決まった言葉を導き出すために置かれる、かざりのような言葉です。ほとんどの枕詞は5音です。枕詞そのものには意味はありません。

あかねさす→日、照る　など
あしひ(び)きの→山
からころも→着る、そで　など
たらちねの→母
ちはやぶる→神
ぬばたまの→夜　など
ひさかたの→光、空　など
やくもたつ→出雲

序詞

ある言葉を導くために前に置く言葉です。枕詞より長く、複雑な表現をしています。枕詞と異なり、自由につくることができます。

あしびきの山鳥の尾のしだり尾の
長々し夜をひとりかも寝む

「あしびきの～しだり尾の」の前半3句が、「山鳥のたれさがった尾のように」という意味で、次の「長々し＝長い長い」を導いている。

住の江の岸に寄る波よるさへや
夢の通ひ路人目よくらむ

前半の「住の江の岸に寄る波」の部分が、「寄る」と同じ音の「夜」を導いている。同じ発音の言葉でつながる序詞の例。

掛詞

同じ発音で2つ以上の意味をもつ同音異義語を用いて、ひとつの言葉に複数の意味をもたせる技巧です。歌に複雑な内容をよみこむことができます。

大江山いくの（行く野・生野）の道の遠ければ
まだふみ（踏み・文）も見ず天橋立

解説 地名の「生野」の「いく」と「行く」という意味をもたせる。また、「ふみ」には、「(母からの)文＝手紙」と「踏む(天の橋立の地に踏み入っていない)」という意味をもたせる。

縁語

意味が関係するいくつかの言葉を読みこむ技巧です。意味が関係する言葉をいくつも使うことで連想を広げ、味わいを深めます。掛詞と組み合わせて用いることが多い技巧です。

そでひちてむすびし水のこほれるを
春立つけふの風やとくらむ

解説 「そで」、「むすぶ」、「はる」、「たつ」、「とく」は、衣服に関係する言葉。「張る」と「春」、「裁つ」と「立つ」が掛詞にもなっている。

ミニ情報 伝統的に和歌でよくよまれている地名を「歌枕」という。白河の関、水無瀬川、天の橋立など、歌枕は全国各地にある。竜田川なら紅葉というように、決まったイメージと結びつくことが多い。

本歌取り

よく知られた和歌をふまえて、新しい歌をよむ技巧です。もとにする歌を「本歌」といいます。本歌に、新しく見いだしたイメージを重ねることで、厚みのある感動をつくる効果があります。

本歌

心あらむ人にみせばや津の国の
難波あたりの春の景色を

現代語訳 おもむきをよくわかっている人に見せてあげたいものだ。津の国の難波あたりの春の景色のすばらしさを。

津の国の難波の春は夢なれや
葦の枯葉に風渡るなり

現代語訳 津の国の難波あたりの春の景色がすばらしいというのは、夢だったのだなあ。あしがかれ葉となり、風がふき過ぎていくよ。

解説 津の国の難波付近の景色がすばらしいことをよんだ本歌に対して、「今見ている風景は、冬の寒々としたもので、そのすばらしさは夢のように思える」と、新しいイメージをよみこんでいる。

折り句

決められた言葉を、和歌の5つの句のそれぞれの頭の文字として使って歌をよむ技巧です(句の終わりや、句の頭と終わりの両方の場合もある)。

からころもきつつなれにしつましあれば
はるばるきぬるたびをしぞ思ふ

解説 「かきつはた＝かきつばたという花の名前」の5つの文字を各句の頭に使って歌をよんでいる。「からころも」は枕詞。また、「着る」、「つま」、「張る」など、衣服に関係する縁語も用いている。

体言止め

歌の終わりを体言(名詞)で止めて、余韻を感じさせます。

さびしさはその色としもなかりけり
まき立つ山の秋の夕暮

解説 「秋のさびしさは、目に見えるものではなく、木々がしげる山の夕暮れの光景で感じる」という意味です。「秋の夕暮」と体言止めにすることで、秋のわびしさを余韻をもたせて表しています。

ミニ情報 物名（「ぶつめい」ともいう）といって、歌の中に、ある言葉を入れる技巧がある。「秋近う野はなりにけり～」という歌には、「きちこうの花（＝桔梗）」という言葉がかくされている。

近代の短歌を楽しもう！

和歌の伝統は長く受けつがれました。明治時代には、正岡子規が新しい和歌の技法を提唱し、和歌の表現のしかたが変わりました。

正岡子規

1867～1902年。明治時代に活やくした歌人・俳人。『歌よみに与ふる書』で、平安時代の『古今和歌集』の歌のように技巧の多い歌より、見たままをよむ写生の短歌をよむべきだと主張しました。

出典：国立国会図書館「近代日本人の肖像」
(https://www.ndl.go.jp/portrait/)

瓶にさす藤の花ぶさみじかければ
たたみの上にとどかざりけり

意味 かめにさしてある藤の花が美しくさき、たれさがっている。だが、その花ぶさが短いので、もう少しのところでたたみに届かない。ねたきりになった作者が、その姿勢で見た様子をよんだもの。ねている姿勢だからこそ見ることのできた様子を新しいと感じてよんでいる。

石川啄木

1886～1912年。明治時代に活やくした詩人・歌人。小説家をめざしましたが、はたせませんでした。生活に苦しむなかで、実生活からくる気持ちを、日常の言葉でよんだ和歌をつくりました。

出典：国立国会図書館「近代日本人の肖像」
(https://www.ndl.go.jp/portrait/)

はたらけどはたらけど猶
わが生活楽にならざり
ぢつと手を見る

意味 働いても働いても、自分の暮らしは一向に楽にならない。自分の手をじっと見つめている。

たはむれに母を背負ひて
そのあまり軽きに泣きて
三歩あゆまず

意味 ちょっとした遊び心から、年をとった母親を背負ってみた。その軽さからこれまで母にかけてきた苦労が思われる。泣いてしまって、三歩も歩けない。

ミニ情報 正岡子規は、若くして病にたおれ、晩年はほとんど病床にあった。22歳のとき血をはき、「鳴いて血をはくホトトギス」といわれることから、ホトトギスを意味する子規という名をつけたという。

与謝野晶子

1878～1942年。明治～昭和時代に活やくした歌人・詩人。女学校の学生のころから古典に親しみ、卒業後は、雑誌に短歌を投稿しました。歌人の与謝野鉄幹と結婚し、12人の子どもを育てました。情熱的な歌で知られています。歌集『みだれ髪』を刊行しました。

出典：国立国会図書館「近代日本人の肖像」(https://www.ndl.go.jp/portrait/)

清水へ祇園をよぎる桜月夜
こよひ逢ふ人みなうつくしき

意味 (京都で)清水に行こうと祇園を通り過ぎると、おぼろ月夜にさくらがさきほこっている。今夜出会う人たちは、だれもが美しく見えたことだ。

鎌倉や御仏なれど釈迦牟尼は
美男におはす夏木立かな

意味 ああ、鎌倉だなあ。鎌倉にある大仏は、とうとい仏様(釈迦牟尼仏)ではあるが、男前でいらっしゃる。木々の緑色が目に映える夏の木立の中にあって。ありがたい大仏を美男と表現したことは、批判をあびることでもあったが、素直な気持ちを表している。

©PIXTA

若山牧水

1885～1928年。明治～昭和時代に活やくした歌人。中学時代から歌をつくり、雑誌に投稿しました。旅と酒とさくらを好んだ歌人です。歌集『海の声』などを刊行しました。

出典：国立国会図書館「近代日本人の肖像」(https://www.ndl.go.jp/portrait/)

白鳥はかなしからずや空の青
海のあをにも染まずただよふ

意味 あの白い鳥は悲しくないのだろうか。空の青さにも海の青さにも染まらずにただよっていて。

斎藤茂吉

1882～1953年。明治～昭和時代に活やくした歌人。大学卒業後、精神科の医師として、病院長を勤めながら歌をつくりました。母の死をよんだ「死にたまふ母」などを収めた歌集『赤光』などを刊行しました。作家、北杜夫の父です。

出典：国立国会図書館「近代日本人の肖像」(https://www.ndl.go.jp/portrait/)

死に近き母に添寝のしんしんと
遠田のかはづ天に聞ゆる

意味 死がせまっている母に添い寝をしていると、遠くの水田で鳴くかえるの声が天にのぼっていくように聞こえる。

ミニ情報 与謝野晶子は、短歌以外にも多彩な活動をしている。日露戦争に出征した弟を思う反戦詩「君死にたまふこと勿れ」の発表や、『源氏物語』の現代語訳などが知られている。

和歌を鑑賞しよう！

和歌（短歌）にはさまざまな情景や気持ちがよみこまれています。つくられた時代のちがう和歌（短歌）を鑑賞して、味わってみましょう。

恋の歌

紫のにほへる妹をにくくあらば
人妻ゆ炁にわれ恋ひめやも

大海人皇子

現代語訳 恋人である額田王の歌（→8ページ）への返歌。あなたのことをにくいと思っていたら、人妻であるあなたのことを恋するでしょうか。

思いつつ寝ればや人の見えつらむ
夢と知りせばさめざらましを

小野小町

現代語訳 恋する人を思って寝たので夢に見たのだろうか。夢とわかったなら、さめないでほしかったのに。

寄せ返す波のしぐさの優しさに
いつ言われてもいいさようなら

俵万智『サラダ記念日』

旅の歌

天離る鄙の長道ゆ恋ひ来れば
明石の門より大和島見ゆ

柿本人麻呂

現代語訳 都から遠くはなれたいなかの長い道を、恋しく思いながら歩いてくると、明石海峡から都のある大和（奈良県）の山々が見えてきた。

名にし負はばいざ言問はむ都鳥
わが思ふ人はありやなしやと

在原業平

現代語訳 （旅をしていた作者が、関東の地に着き、都鳥を見て）。都鳥という名前がついているのならば、おまえに都のことをたずねよう。私の思いしたっている人は元気でいるのかいないのかと。

だいじょうぶ急ぐ旅ではないのだし
急いでないし旅でもないし

宇都宮敦『ピクニック』

歌をおくって気持ちを伝える

平安時代の貴族たちは、ふだん出会うことはほとんどなく、気になる女性がいると、男性から歌をよんだ文（手紙）をおくり、交際を申しこみました。女性はこれに歌で答え、たがいに気に入ると、恋の歌のやりとりになりました。歌からは人柄や教養が感じられるので、すてきな歌をよめることが求められました。

ミニ情報 平安時代には、「夢にだれかが現れるのは、その人が自分のことを思っているから」と考えられていた。寝るときに衣を裏返して着て寝ると、好きな人が夢に現れるというおまじないもあった。

亡くなった人をいたむ歌

今よりは秋風寒く吹きなむを
いかにか独り長き夜を寝む

大伴家持

現代語訳 これからは、秋風が冷たくふくことでしょう。そんなころに、あなたを亡くした私は、どうやってひとりの長い夜を過ごせばよいのでしょうか。

いかでわれ今宵の月を身にそへて
死出の山路の人を照らさん

西行

現代語訳 私は、どうにかして今夜の月を身にそえて、死んでしまった人がこえる山道を照らそうと思う。

うららうらと天に雲雀は啼きのぼり
雪斑らなる山に雲ゐず

斎藤茂吉

現代語訳 うららかにひばりが天高く鳴きのぼる。雪がまだらに残っている山には雲はない。

季節や自然を感じる歌

春の苑紅にほふ桃の花
下照る道に出で立つ少女

大伴家持

現代語訳 春の庭で、桃の花があかあかとさきほこっている。その赤さが、下にある道に照りかがやいている。そして、その道に美しいおとめがたたずんでいる。

女郎花ふきすぎてくる秋風は
目には見えねど香こそしるけれ

凡河内躬恒

現代語訳 おみなえしの花をふきすぎてくる秋の風は、目には見えないけれど、その香りではっきりとわかる。

いそのかみふるきみやこの郭公
声ばかりこそ昔なりけれ

素性法師

現代語訳 石上（奈良県）の古都で夏に鳴くほととぎすの声だけは昔と変わりがない。ほかのものはすっかり変わったけれど。

田子の浦ゆうち出でて見れば真白にそ
不尽の高嶺に雪は降りける

山部赤人

現代語訳 田子の浦の海岸（静岡県）に出てながめると、高い富士山のいただきに白い雪が降っているのが見える。

白玉の歯にしみとほる秋の夜の
酒はしづかに飲むべかりけり

若山牧水

現代語訳 白い玉のように美しく、歯にしみる秋の夜の酒は、しみじみと静かに飲みたいものだなあ。

体温計くわえて窓に額つけ
「ゆひら」とさわぐ雪のことかよ

穂村弘

ミニ情報 死者をいたむ内容の歌を「挽歌」という。『万葉集』では、3つの大きな分類（部立）のひとつをしめている。高市皇子が亡くなったときに柿本人麻呂がよんだ挽歌は『万葉集』で最も長い長歌。

おまけの探検

連歌

連歌は、鎌倉時代から室町時代に流行した形式の歌です。後の俳句のもとにもなりました。

連歌の歴史は？

短歌の上の句（五・七・五）と下の句（七・七）を二人でよむこと（連歌）は古くから行われ、『万葉集』にもその例が見られます。平安時代後期には、これを3句以上続けてよむようになりました。鎌倉時代には、これを百句続ける形式が起こり、連歌の基本的な形式が決まりました。室町時代には、公家や武士、庶民の間で連歌が流行し、連歌を専門にする連歌師も現れました。

連歌の会の様子。

短歌の上の句と下の句を交互によむ

連歌は、短歌の上の句（五・七・五）に別の人が下の句（七・七）をつけ、次はその句に上の句をつけというのをくり返す形式で進みます。百を基本のまとまりとします。

第一句＝発句

雪ながら山もとかすむ夕かな

意味 山にはまだ雪が残っているが、そのふもとには夕方、春のかすみがたなびいている。なんとおもむきのあることだろうか。

第二句＝脇句

行く水とほく梅にほふ里

意味 川を行く水は遠くまで流れ、里には梅のよいかおりがしている。

第三句＝脇句

川かぜに一むら柳春見えて

意味 川をふく風にやなぎの枝が束になってゆれ、春らしさが見えている。

第百句＝挙句

人をおしなべ道ぞ正しき

意味 乱れた世にあっても、正しい（政治の）道があるものだ。

百句目の句を「挙句（または揚句）」という。現在も使う「あげ句の果て」という言葉の「あげ句」はここから来ている。

ミニ情報 宗祇の『水無瀬三吟百韻』（→21ページ）は、承久の乱で敗れて島流しになった後鳥羽天皇をまつる水無瀬神宮に奉納された。後鳥羽天皇が亡くなって250年の命日だった。

現在行われている連歌の会の様子（今井祇園連歌の会）

写真：毎日新聞社／アフロ

連歌で名高い人々

二条良基

1320〜1388年。鎌倉時代〜室町時代の歌人。摂政、関白も務めました。連歌集『菟玖波集』を編さんしました。連歌論を述べた『筑波問答』を著し、連歌を大成しました。能の世阿弥に古典の教養を教えたことでも知られます。

宗祇

1421〜1502年。姓を飯尾という説もあります。室町時代の連歌師。和歌と連歌を学び、弟子とともに『水無瀬三吟百韻』をよみました。何度も旅をして連歌を地方に伝えました。

現在も行われている連歌の会

福岡県行橋市元永の須佐神社では、新年を祝う行事として連歌会が開かれ、よんだ連歌を神社に奉納する伝統が室町時代から続いています。

また、インターネットを通して、SNSなどで連歌をよみつぐ企画も行われています。

ミニ情報 宗祇は、生がいにわたって各地を旅し、旅の途中で生がいを終えた。後の芭蕉は、宗祇を西行と並べて、尊敬する人物としてあげている。

第2章 俳句

短い言葉でさまざまな情景や気持ちを表現する詩が俳句です。

すてきは俳句をつくりたいな。

有名な俳句もあるよね。

クイズ1

「おくの細道」の作者であり、俳句を芸術に高めたとされるのはだれ？

28ページを見よう。

❶夏目漱石

❷紫式部

❸松尾芭蕉

クイズ2

俳句をつくるときに必ず入れる言葉はなに？

27ページを見よう。

❶花の名前

©PIXTA

❷季節を表す言葉

©PIXTA

❸「けり」という言葉

いくたびも
雪の深さを
尋ねけり

クイズ3

俳句の基本のリズムは？

26ページを見よう。

❶五・七・五

❷一・二・三

❸七・七・七・五

©PIXTA

俳句の誕生

俳句はもともと俳諧と呼ばれました。俳諧は和歌から連歌をへて生まれました。

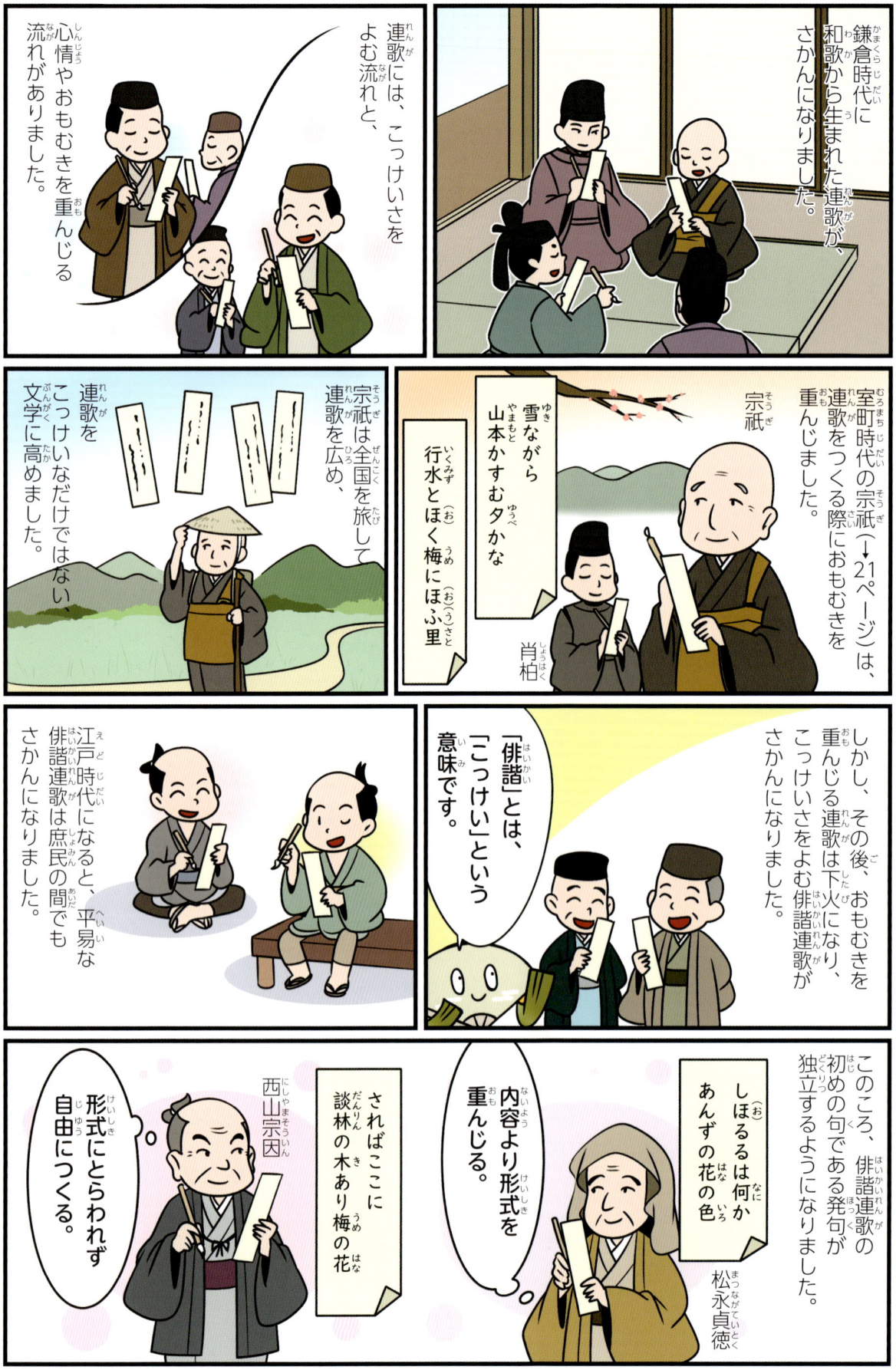

ミニ情報 江戸時代初期に俳諧連歌をさかんにした松永貞徳の一派は「貞門」、西山宗因の一派は「談林」とよばれた。大阪で俳諧や小説を手がけた井原西鶴（→34ページ）は、西山宗因の弟子。

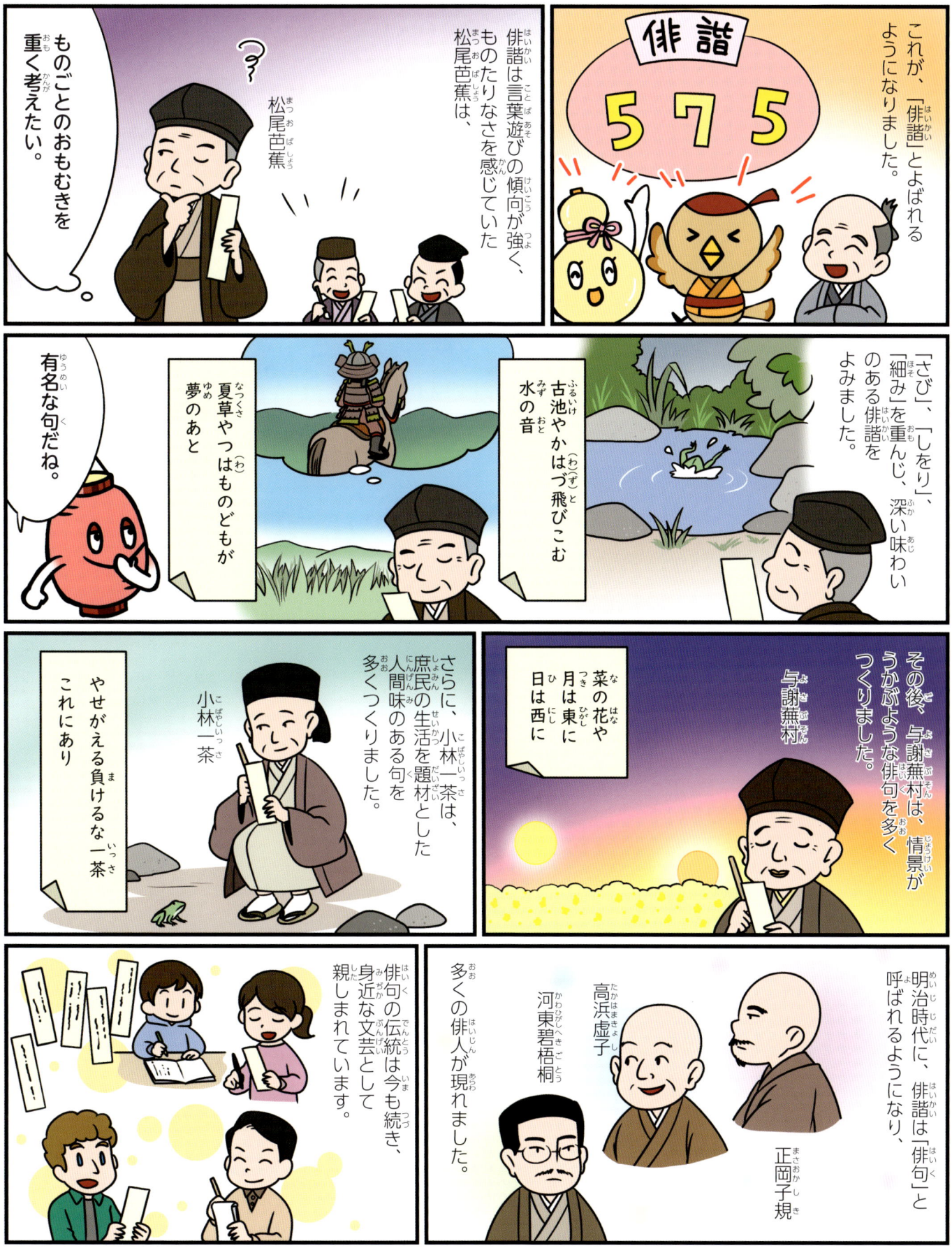

ミニ情報 松尾芭蕉は、故郷の伊賀国（三重県）上野では、本名の宗房で貞門の俳諧を学んだ。江戸（東京）に移ってからは、談林の西山宗因に出会ったこともあり、談林の俳諧を学び、桃青と名乗った。

俳句の形式ときまり

俳句の基本となる形式と決まりごとを見ていきましょう。

五・七・五の形式

俳句は原則として、五音、七音、五音の合計十七音でつくります。わずか十七音でよむ詩は世界的にもめずらしく、「世界一短い定型詩(決まった型のある詩)」といわれることもあります。

五
古池やかはづ飛びこむ水の音
七
五

松尾芭蕉

意味 古い池のかたわらにいると、静けさをやぶって、水音が聞こえてきた。かえるが水に飛びこんだのだなあ(音がしたことで、よりいっそう静けさを感じる)。

字余り・字足らずの句

句が十七音より1文字や2文字多い場合を字余り、少ない場合を字足らずといいます。字余りや字足らずがあってもかまいません。

六音で字余り

六
おもしろうてやがて悲しき
七
五
鵜飼かな

松尾芭蕉

意味 おもしろかった鵜飼が終わり、あたりがひっそりすると悲しく思えてくるものだなあ。

四音で字足らず

五
虹が出るああ鼻先に軍艦
七
四

秋元不死男

意味 虹が見えるのどかな光景だが、それとは対照的にいかつい軍艦が見えている。

定型からはずれた自由律俳句

明治時代の後半に、伝統的な形式にとらわれずに表現する俳句がつくられるようになりました。これを自由律俳句といいます。

五・七・五の形式をとらず、思いをより素直に表現するものです。尾崎放哉や種田山頭火は、自由律俳句を多くつくったことで知られています。

咳をしても一人

尾崎放哉

分け入っても分け入っても
青い山

種田山頭火

ミニ情報 尾崎放哉は、東京帝国大学を卒業後、保険会社に入り出世コースを歩んでいた。しかし、酒による失敗で退職し、寺の雑用などをしながら句作にはげんだ。貧乏な生活の中で人生を終えた。

季語

俳句には、原則として季節を表す「季語」を入れると決まっています。季語を集めた本を「歳時記」といいます。

春の季語

春風や闘志いだきて丘に立つ

高浜虚子

意味 春の風がふいている中で、強い闘志をもって、丘の上に立っている。

秋の季語

朝顔につるべとられてもらひ水

加賀の千代

意味 朝顔のつるが井戸のつるべに巻きついている。花を折るのはかわいそうなので、よそから水をもらった。

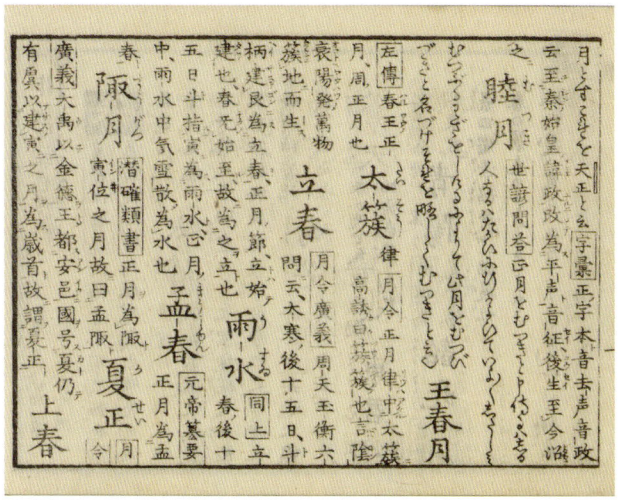

江戸時代の歳時記。正月と春、夏、秋、冬の季節ごとの季語が並べられている。

『俳諧歳時記栞草』（京都大学附属図書館所蔵
https://rmda.kulib.kyoto-u.ac.jp/item/rb00010782）

季重なり

一つの句に、二つ以上の季語を入れるのは、「季重なり」といって、さけることになっています。しかし、あえてその効果をねらうような場合もあります。

目には青葉山ほととぎす
初がつを

山口素堂

意味 初夏の若葉が青く目に映る。山からはほととぎすが鳴く声が聞こえてくる。初がつおもおいしい時期だ。

季語を3つよみこみ、視覚、聴覚、味覚で初夏をよんでいます。

無季

季語のない俳句は、「無季俳句」といわれます。

油さし油さしつつ寝ぬ夜かな

上島鬼貫

意味 待っている人は来ない。いつ来ることかと、明かりに油をたしながら寝る夜だなあ。

切れ字

句の途中、または最後に置いて、感動などを表す言葉を「切れ字」といいます。「や」「かな」「けり」が代表的な切れ字です。

一度区切って感動を表す

夏草やつはものどもが夢のあと

松尾芭蕉

意味 数々の武将たちが名を上げ、栄華をほこったこの地も、今は夏草が生いしげっている。この世のことはすべて移り変わっていくものなのだなあ。

末尾に使い、感動を表す

雲雀より空にやすらふ峠かな

松尾芭蕉

意味 とうげの高い所で休んでいると、下のほうからひばりが鳴く声が聞こえてくる。ずいぶん高い所まで登ってきたのだなあ。

末尾に使い、強い調子を出す

いくたびも雪の深さを尋ねけり

正岡子規

意味 病気で寝ている自分は、雪がどれくらい降ったかわからない。家人に何度も雪の深さを聞いている。

ミニ情報 種田山頭火は、実家が破産するなどの苦労を経験、妻と古書店を始めたがくらしは苦しかった。仏門に入ったのち、西日本を放浪しながら句作をした。

江戸時代の俳人を探検！

江戸時代前期に、松尾芭蕉が新しい俳諧を大成、江戸時代後期には、与謝蕪村、小林一茶が特ちょうある句をつくりました。

松尾芭蕉

1644～1694年。江戸時代前期の俳人。伊賀(三重県)上野に生まれ、俳諧を学びました。後に江戸(東京)に出て、俳諧を芸術的な作品として大成させました。たびたび旅に出て、『おくのほそ道』をはじめ、『野ざらし紀行』、『笈の小文』などの紀行(旅行記)を著しました。

芭蕉野分してたらひに雨を聞く夜かな

意味 野分(台風にともなう風)で、いおり(粗末な小屋)の外の芭蕉の葉がざわざわしている。中では、たらいに落ちる雨もりの音がする。

旅人とわが名呼ばれむ初しぐれ

意味 これから旅に出る私は、「旅人」と呼ばれることになるだろう。ちょうど初めてのしぐれが降っている。

秋深きとなりは何をする人ぞ

意味 秋が深まり、さびしさも感じられるころだ。となりの人はどのようにして過ごしていることだろうか。

旅に病んで夢は枯れ野をかけめぐる

意味 旅先で病になり、寝こんでいる。だが、夢の中では、私は旅に出て、かれ野をかけめぐっている。芭蕉最後の句。

『おくのほそ道』の旅

1689年、芭蕉は江戸を立ち、東北地方に向かいました。その後、約半年をかけて東北地方、北陸地方を経て、美濃（岐阜県）の大垣にいたります。その間に各地でよんだ句を交えた紀行が『おくのほそ道』です。

ミニ情報 『おくのほそ道』の旅は、歌枕（→14ページ）を訪ねるものだった。芭蕉は全行程約2400kmを150日ほどで歩いている。

与謝蕪村

1716〜1783年。江戸時代後期の俳人・画家。摂津(大阪府)に生まれ、二十歳ごろ江戸(東京)に出て俳諧を学びました。その後、京都で画家として活やくしました。55歳で本格的に俳諧に打ちこみました。芭蕉の句風の復興をうったえ、絵のような印象をあたえる句を多くよみました。

菜の花や月は東に日は西に

意味 見わたす限りの菜の花畑に夕暮れが訪れた。東の空から月がのぼり、西の空では日がしずもうとしていることだ。

春の海ひねもすのたりのたりかな

意味 うららかな春の日、海に目をやると、ゆるやかでのんびりした波が、一日中、のたりのたりと寄せては返している。

さみだれや大河を前に家二軒

意味 五月雨(旧暦五月に降り続く雨)で水かさが増した川が激しく流れている。その川のほとりに2軒の家がぽつんと建っている。

小林一茶

1763〜1827年。江戸時代後期の俳人。信濃(長野県)に生まれ、家庭の事情により、15歳で江戸(東京)に出ました。その後、各地を旅して俳諧の修業をしました。晩年は故郷で暮らし、子どもや動物などにも愛情のある目を向け、わかりやすい言葉を使った句をよみました。

雪とけて村いっぱいの子どもかな

意味 春がやってきて、雪がとけている。それを待っていたかのように子どもたちが外に飛び出して、村中で元気よく遊んでいる。

めでたさもちう位なりおらが春

意味 正月をむかえておめでたいことであるが、私にとっては「ちう位＝方言でいい加減」なものだ。私の正月とはそのようなものだ。

これがまあつひのすみかか雪五尺

意味 ここが、自分の生がいを終える最後の住まいになるのだなあ。雪が五尺(約1・5m)も降り積もっていることだ。

ミニ情報 弱者への愛情あふれる句を多くつくった一茶。実生活では、父の遺産をめぐる争い、子どもや妻の死、家の火事などの不幸が続いた。

季語を探検！

俳句で使われている季語を、季節ごとにあげてみましょう。

春

立春　風光る　残雪　梅　蝶　うぐいす　卒業

山笑う　雨水　桜もち　ふきのとう　ひばり　遠足　潮干狩り　など

©PIXTA

夏

初夏　土用　衣がえ　行水　山開き　ひまわり　日焼け

夏至　滝　うちわ　水鉄砲　時鳥　うなぎ　ほたる　など

©PIXTA

新年の季語

新年は春にあたりますが、新年特有の季語があります。

初日　新年　初もうで　門松　かるた　羽子板　年玉　すごろく　こま　書初　数の子　鏡もち　雑煮　とそ　など

ミニ情報　歳時記では、天文、地理、動植物、人事などに分類し、解説や例句が加えられている。俳句をつくる際の参考として、江戸時代前期から刊行され、現在も使われている。

©PIXTA

©PIXTA

季語は旧暦で

俳句の季語は、江戸時代まで使われていた旧暦で考えます。現在の暦の季節とは、ずれがあります。

	春 立春から立夏の前日まで			夏 立夏から立秋の前日まで			秋 立秋から立冬の前日まで			冬 立冬から立春の前日まで		
新暦（現在の暦）	2月	3月	4月	5月	6月	7月	8月	9月	10月	11月	12月	1月
旧暦（昔の暦）	1月	2月	3月	4月	5月	6月	7月	8月	9月	10月	11月	12月

※年によって閏月（つけ加える月）がある。

ミニ情報 旧暦は、月が1回満ち欠けする期間をひと月とする。毎月のついたち（月が立つという意味）ごろが新月で、15日ごろが満月になる。三日月、十五夜などの言い方は旧暦にもとづく。

近代～現代の俳人を探検！

明治時代の半ばに正岡子規が、それまでの俳諧を改革し、「俳句」とよぶようになりました。

正岡子規

ことば遊びにおちいり、形式的になっていた俳諧を否定し、俳句とよんで新しくする試みをしました。自然を見たままよむ「写生」による表現を提唱し、俳句に芸術性をあたえました。

「ホトトギス」で活やくする

正岡子規は、1897年に友人が創刊した俳句雑誌、「ホトトギス（創刊時はひらがな）」の主筆（編集や執筆を中心的に行う立場）を務め、新人たちを育てました。

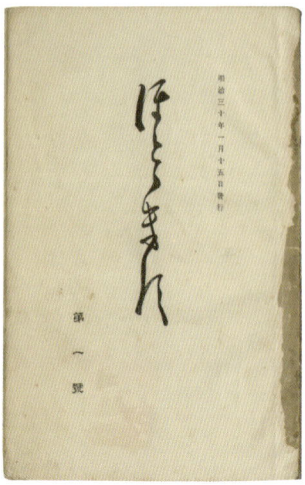

画像提供：虚子記念文学館

柿食へば鐘がなるなり法隆寺

意味 奈良にやってきた。柿を食べていると、ちょうど法隆寺のかねの音が聞こえてきた。

鶏頭の十四五本もありぬべし

意味 庭には真っ赤な鶏頭の花がある。自分は病気なので、近づいて見ることができないが、きっと十四、五本はさいていることだろう。

をととひのへちまの水も取らざりき

意味 病気にきくへちまの水も、おとといはとることができなかった。それほどに私の病は重くなっている。十五夜の日にとったへちまの水はよくきくという言い伝えがあり、「おととい」はその日だったともいわれている。

子規の弟子の俳人たち

正岡子規の弟子からは、多くの俳人が出て活やくしました。

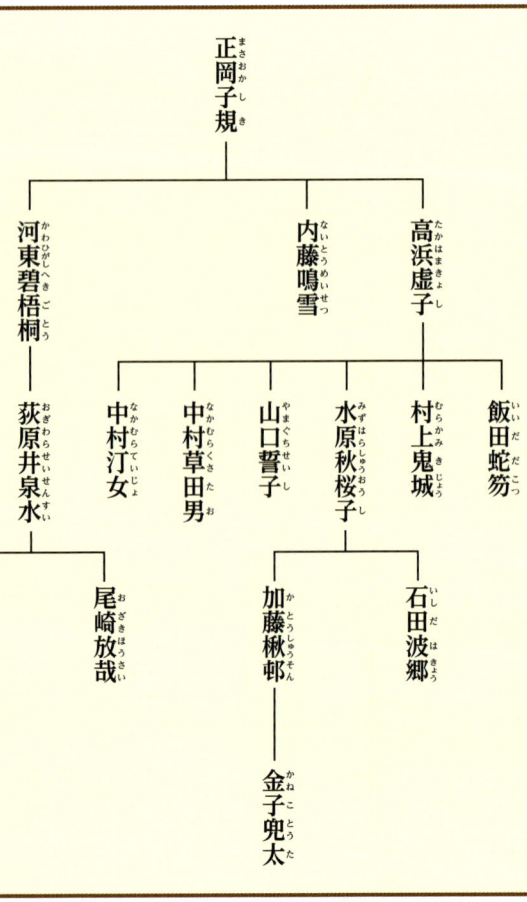

ミニ情報 俳句雑誌「ホトトギス」は、子規の友人である柳原極堂が創刊した。雑誌名は「子規」がホトトギスの別名であることからとられた。2025年現在、1500号をこえて刊行が続いている。

高浜虚子

出典：国立国会図書館「近代日本人の肖像」
(https://www.ndl.go.jp/portrait/)

1874～1959年。明治～昭和時代の俳人。愛媛県生まれ。河東碧梧桐を通じて正岡子規と知り合い、「虚子」の名前をもらいました。子規の俳句革新を助け、後には「ホトトギス」の編集を手がけました。

遠山に日の当たりたる枯野かな

意味 目の前には、寒ざむとしたかれ野が広がっているが、遠くの山の向こうのかれ野には、ほんのり暖かい日がさしている。

流れ行く大根の葉の早さかな

意味 川の流れに目をやると、上流で大根をあらっているのか、大根の葉がすごい早さで流れていった。

河東碧梧桐

出典：国立国会図書館「近代日本人の肖像」
(https://www.ndl.go.jp/portrait/)

1873～1937年。明治～昭和時代の俳人。愛媛県生まれ。中学（現在の高校にあたる）で高浜虚子と同級で、ともに正岡子規の弟子になりました。子規が亡くなってからは、新聞「日本」の俳句欄を担当しました。

赤い椿白い椿と落ちにけり

意味 赤いつばきの花が落ち、続いて白いつばきの花も落ちたことだ。つばきの花は、花びらが1枚ずつ散るのではなく、花ごと落ちる。色あざやかなつばきがぽとりと落ちるさまを思いうかべられる。

この道の富士になり行く芒かな

意味 富士山のすそ野の道を歩いていくと、すすきの野が続いている。進んでいくごとに、すすきの野が富士山になっていくように見える。

夏目漱石

出典：国立国会図書館「近代日本人の肖像」
(https://www.ndl.go.jp/portrait/)

1867～1916年。文豪として知られる。正岡子規と友人で、約2600の句をつくりました。

永き日や欠伸うつして別れ行く

意味 別れに際してつくった俳句。たいくつで長い一日の終わりに、相手にあくびをうつして去っていく。

中村汀女

出典：国立国会図書館「近代日本人の肖像」
(https://www.ndl.go.jp/portrait/)

1900～1988年。熊本県生まれ。子規の弟子の高浜虚子の指導を受けました。日常生活を題材にした俳句をつくりました。

咳の子のなぞなぞあそびきりもなや

意味 かぜでせきが出て寝ている子どもの、なぞなぞ遊びの相手をしていると、いつまでもやめようとせず、きりがないことだ。

ミニ情報 『吾輩は猫である』、『こころ』などの小説で知られる夏目漱石だが、俳人でもある。英語教師として松山（愛媛県）に赴任した際に、子規と同居したことをきっかけに句作を始めた。

俳句を味わおう！

短い言葉の中に情景や思いをよみこむ俳句。さまざまな俳句を鑑賞し、味わってみましょう。

大晦日定めなき世の定かな

井原西鶴

意味と鑑賞 江戸時代は、買い物などでした代金の精算を大みそかにしていた。この世は定めのないようなものであるが、借金の精算をする大みそかは、きちんとした定めがあることだなあ。

梅一輪一輪ほどのあたたかさ

服部嵐雪

意味と鑑賞 春の初めにさく梅が一輪だけさいている。その梅を見ると、一輪ほどの暖かさを感じる。「梅の花が一輪ずつさくにつれてだんだん暖かくなっていく」という解釈もある。

くろがねの秋の風鈴なりにけり

飯田蛇笏

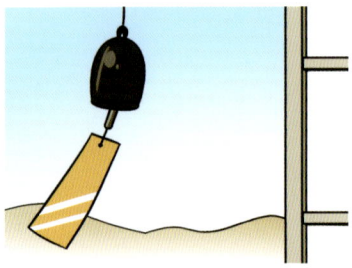

意味と鑑賞 鉄でできた黒い風鈴が、秋の風にふかれて鳴っていることだ。季節が変わったのに出したままになっている重厚な風鈴が鳴ったことに心を動かされて句にしたもの。

水枕ガバリと寒い海がある

西東三鬼

意味と鑑賞 熱が出て、水枕をあてて寝ている。頭を動かすと、ガバリと音を立てる。そこには、寒い海があるようだ。結核にかかっている作者が、寒い海から死の恐れを感じている。

万緑の中や吾子の歯生え初むる

中村草田男

意味と鑑賞 初夏に木々の若葉がのびて、野山じゅうが緑におおわれている中で、わが子の白い歯が初めて生えてきた。生命力を感じさせ、緑と白の対比があざやか。

句会の楽しみ

複数の人が集まって自作の俳句を出し合い、おたがいに評価する「句会」が行われています。

だれがよんだかわからないようにして、各自がすぐれていると思う句に点数をつけるなどして選び（自分の句は選ばない）、上位の句を発表するといった形式で進められます。句を評論したりされたりする楽しさを味わえます。

ミニ情報 「万緑」は、見わたす限り野山が緑である様子を表す。中村草田男が句で使ったことで新しく季語になった。草田男は、後に俳句雑誌「万緑」を創刊している。

小学生がよんだ俳句

子どもでも応募できる俳句のコンテストの優秀作品です。

海のよう心がゆれるいわし雲

意味と鑑賞 秋がやってきて、空にいわし雲が見える光景をよんでいる。いわし雲が見える空は、海のようで、心が動かされる。

約分は半そでの気分夏近し

意味と鑑賞 算数の勉強で約分するのは、数字がさっぱりした気持ちがする。まるで半そでの服にかえるようだ。そろそろ夏も近いことだ。

弟のえがおみたくて雪あつめ

意味と鑑賞 雪が降った日に、小さい弟を喜ばせようと、降った雪を集めている。きょうだいに対するやさしい気持ちが感じられる。

手を入れたらかみつきそうなあけびだな

意味と鑑賞 あけびは秋の果実で、口を開いたような形をしている。うっかり手を入れたらかみつかれてしまいそうだ。

出典：佛教大学小学生俳句大賞

英語の〝HAIKU〟

俳句が海外にも知られるようになり、海外の人が英語で俳句のような短い詩をつくったり、日本の中学校などで英語教育のために英語の“HAIKU”をつくったりすることがあります。3行で書き、季節感を盛りこむことや、俳句にある切れ字(かな、けりなど)と似たように感動を表す表現があります。

My family
watching
the migrating birds' families

意味と鑑賞 私たち家族みんなで見守っている。わたり鳥の家族を。家族が別の家族を暖かく見守り、ともに手を取り合って生きていこうという思いが感じられる。

first date
wrong shoes
can't concentrate

意味と鑑賞 初めてのデートで、このくつじゃなかったとずっと上の空だった。おしゃれなくつをはいたが、はき慣れず、痛くなってしまった。

出典：伊藤園お～いお茶新俳句大賞

俳句と絵が一体になった俳画

俳句を題材にして、その句の内容を表した絵とともに、題材となった俳句をかく形式の絵画を俳画といいます。俳句の世界を、情景とともに鑑賞することができます。

俳人であるとともに画家でもあった与謝蕪村は、多くの俳画を残しています。

筏師画賛　与謝蕪村　出光美術館蔵

与謝蕪村の俳画。「いかたしのみのやあらしの花衣(いかだ師が、散った桜の花ふぶきでかざられ、花の衣のようだ)」という句に絵がそえられている。

ミニ情報 俳画を確立した蕪村は、絵画の才能もあり、5種類の画風を使い分けていたといわれている。尊敬する芭蕉の足跡をたどって10年にわたり東北地方を旅した際は、宿代を絵ではらっていたという。

第3章

川柳

川柳は、俳句と同じ五・七・五の言葉でつくる短い詩ですが、俳句より自由につくります。

クイズ1

川柳という言葉のもとになったのは何？

38ページを見よう。

1 食べ物の名前

2 人の名前

3 動物の名前

クイズ 2

江戸時代に出版された、川柳を集めた本の名前は？

39ページを見よう。

❶ 東海道中膝栗毛

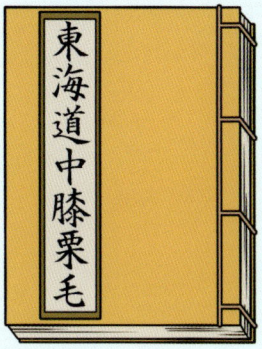

❷ 南総里見八犬伝

❸ 誹風柳多留

クイズ 3

俳句と川柳のちがいは？

38ページを見よう。

❶ 俳句は日本で生まれたが、川柳は中国で生まれた。

❷ 俳句は季語を入れるが、川柳は季語を入れなくてよい。

❸ 俳句は今もつくられるが、川柳は今はつくられない。

江戸時代に生まれた川柳

川柳は、江戸時代中期に始まり、江戸（現在の東京）の町人たちを中心に流行しました。俳句に比べてつくりやすいことから、庶民の間で人気を集めました。

前句付から川柳が誕生

江戸時代前期に、五・七・五・七・七の七・七に合う五・七・五をつける遊びが行われるようになりました。これを前句付といいます。この場合、七・七を前句、五・七・五を付句といいます（五・七・五に七・七をつける場合もある）。

この遊びから、やがておもしろい付句だけが独立したものが川柳です。身の回りのことをおもしろおかしくよんだり、皮肉を交えてよんだりするものが多いのが特ちょうです。

［前句］切りたくもあり切りたくもなし

［付句］盗人を捕へてみれば我が子なり

「切りたくもあり切りたくもなし（刀で切りつけたい気もするし、切りたくない気もする）」と、前句が出題され、それに合う付句を「どろぼうをつかまえたら、自分の子だった」とよみ、おかしみをよみこんだ一首の歌にしています。

川柳は人の名前から

前句付の遊びをするときに、そのよしあしを判定する「点者」がいました。点者として活やくした柄井川柳は、その判定が見事で評判をよびました。柄井川柳が選んだ前句付の付句だけを呉陵軒可有が『誹風柳多留』という本にまとめ、人気を集めました。こうして、付句が独立してつくられるようになり、この形式の句を川柳とよぶようになりました。

柄井川柳

川柳の形式

川柳は、俳句と同じ五・七・五でつくられますが、俳句とちがって季語を入れるという決まりはありません。また、俳句でよく用いられる切れ字（や、かな、けりなど）も使わなくてもよいとされています。さらに、日常生活で使うような話し言葉を使うことも特ちょうです。

孝行のしたい時分に親はなし

意味 親孝行をしたいと思うころには、親は死んでしまっているものだ。

ミニ情報 前句付の点者としてすぐれ、川柳の語源ともなった柄井川柳だが、自身がつくった川柳はほとんど知られていない。確実に川柳がつくったとされるのは、3句のみ。

江戸川柳を集めた『誹風柳多留』

『誹風柳多留』は、1765年に初めて出版され、1838年まで、合計167編も発行されました。柄井川柳は、24編まで関わっています。

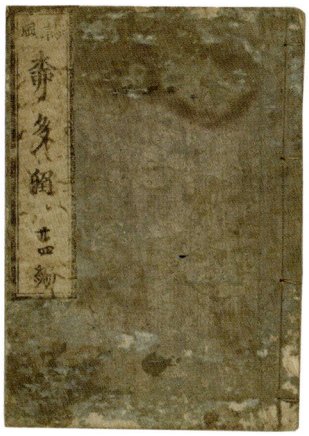

『誹風柳多留』。呉陵軒可有の編。星運堂から出版された。

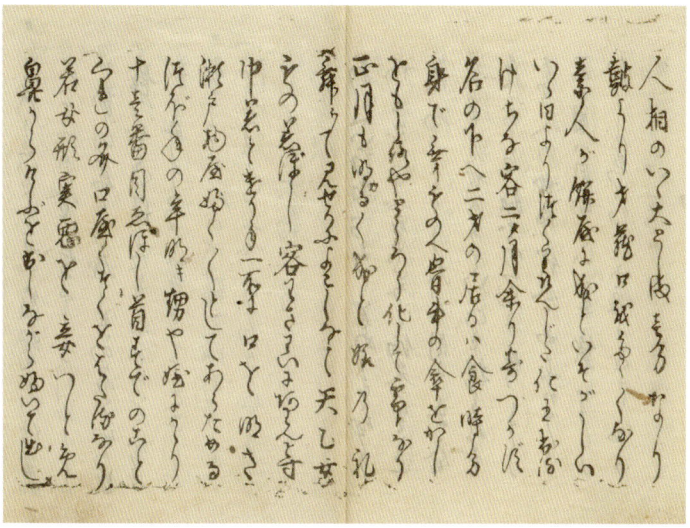

『俳諧柳多留／二十四編』（白百合女子大学図書館所蔵）
出典：国書データベース，https://doi.org/10.20730/100386776

本降りになって出ていく雨宿り

意味 急に雨が降ってきたので、雨宿りをしていたのだが、やむのを待ちきれず、ちょうど本降りになったころに出ていったよ。

寝ていても団扇の動く親ごころ

意味 暑い日に、母が子を寝かせている。親も寝ているのだが、寝ていても子どもをあおいでやろうと、うちわが動いている。親心であることだ。

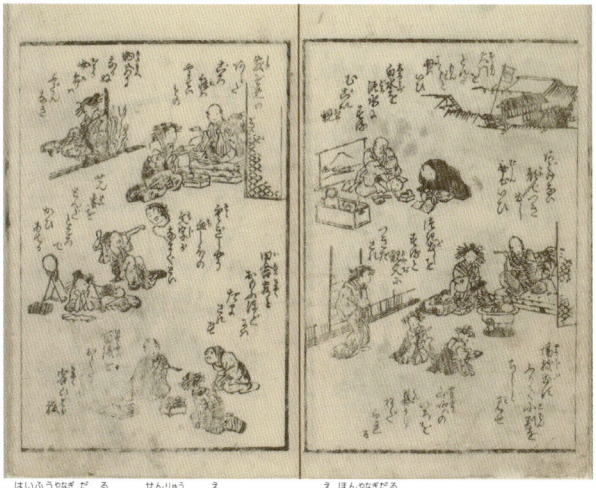

『誹風柳多留』の川柳に絵をつけた『画本柳樽』。

『画本柳樽』（江戸東京博物館所蔵）
出典：国書データベース，https://doi.org/10.20730/100455669

かみなりをまねて腹がけやつとさせ

意味 はだかで走り回る子どもをつかまえて、「かみなりさまにおへそをとられますよ。ゴロゴロ」といって、やっと腹がけをつけさせた。

清盛の医者ははだかで脈をとり

意味 平清盛は、死ぬ間際にたいへんな高熱を出して苦しんだという。医師も、暑いのではだかで脈をとったのだろうか。

これ小判たつた一晩いてくれろ

意味 庶民はなかなか見ることもない小判だが、めずらしく手元にある。どうせすぐになくなってしまうのだが、せめて一晩でもいてくれよ。

泣きながら眼を配る形見分け

意味 亡くなった人の遺品をいただく形見分け。悲しみで泣きながらも、よい品をもらおうと、目を配っている。

ミニ情報
『誹風柳多留』は、初編が刊行されたあと、1年置いて続編を刊行、以後はほぼ毎年刊行された。柄井川柳が関わった24編までを古川柳、それ以降は江戸川柳とよぶ。

明治時代以降の川柳

江戸時代にさかんにつくられた川柳は、明治時代になると新聞に掲載されるようになり、庶民に愛されました。その伝統は、現代にまで続いています。

明治時代の川柳

江戸時代末期になると、川柳はこっけい味が強くなり、だじゃれのような句が多くつくられるようになりました。

明治30年代になると、川柳を革新する動きが現れ、阪井久良伎や井上剣花坊らが味わいのある川柳をつくり、新川柳とよばれました。

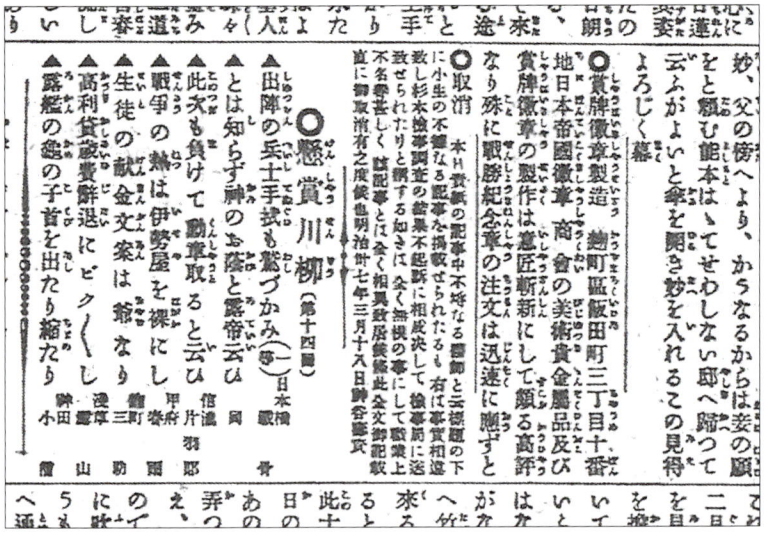

『電報新聞』（明治37年）　国会図書館蔵

明治時代の新聞の川柳欄。

阪井久良伎

1869～1945年。明治～昭和時代の川柳作家。現在の神奈川県横浜市に生まれました。新聞社の美術記者を経て新聞「日本」に入社、「電報新聞」に移ってから、本格的に川柳革新に取り組みました。1905年に日本初の川柳雑誌「五月鯉」を創刊しました。

井上剣花坊

1870～1934年。明治～昭和時代の川柳作家。山口県生まれ。新聞記者などを務めた後に上京し、新聞「日本」に入社しました。機関誌「川柳」を創刊し、川柳の革新を主張しました。64歳で亡くなるまで川柳界の先頭に立ち、川柳をつくり続けました。

トタン葺き春雨を聞く屋根でなし

意味 春雨は静かに降るものだが、新しい材質のトタンの屋根は音がして、風流ではないなあ。

午後三時永田町から花が降り

意味 永田町には、華族女学校があり、午後三時の下校時刻ごろには、令嬢たちが花が降るように出てくる。

何よりも母の乳房は甘かりし

意味 母親の乳というものは、どんなものよりもあまかったものだ。

春の街電車の道の人通り

意味 東京の市内電車のストライキのため、正月に電車が通る道を人が通っている。

ミニ情報 阪井久良伎、井上剣花坊の川柳革新が進むと、新聞「日本」や「電報新聞」に続いて、「日出国新聞」、「読売新聞」、「都新聞」、「中央新聞」でも川柳欄がつくられた。

大正〜昭和時代の川柳

大正時代には、阪井久良伎や井上剣花坊の弟子から川柳作家が現れました。昭和時代前期、日本が戦争に向かって進んでいく時期には、反戦をよむ川柳もつくられました。

戦前から戦後にかけて、六大家とよばれる川柳作家が活やくしました。

掌に運があるとは面白し

村田周魚

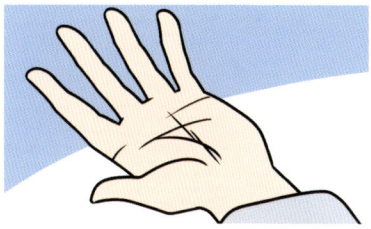

意味 手相うらないは、てのひらの線を見て判断する。てのひらに運があるとはおもしろいことだなあ。

馬顔をそむけて馬とすれちがい

川上三太郎

意味 馬同士がすれちがうとき、おたがいに顔をそむけるようにしている。馬に意思があるように見えることだ。

音もなく花火のあがる他所の町

前田雀郎

意味 旅にあって、よその知らない町で見る花火は、その音も耳に入らないほどさびしいものだ。

寝転べば畳一帖ふさぐのみ

麻生路郎

意味 どんなに富や地位があろうと、自分のからだひとつでふさげるのは、たたみ1枚ほどにすぎない。

知ってるかあはゝと手品やめにする

椙元紋太

意味 手品を見せようとしたら、相手はそのたねを知っているという。「あはは」と笑って手品はやめにした。

ぬぎすててうちが一番よいといふ

岸本水府

意味 外出して家にもどるやいなや、外出着をぬぎ捨てて、「うちがいちばんいいな」というよ。

渡し舟花屋は蝶を連れて乗り

高木角恋坊

意味 舟に乗って川を渡る。花屋はその花にひかれる蝶を連れて乗っていることだ。

万歳とあげて行った手を大陸へおいてきた

鶴彬

意味 戦争に行くときは、「万歳」といって手をあげていった。その手を戦争でなくし、戦地に置いてきてしまった。

あきらめて歩けば月も歩きだし

小林不浪人

意味 「もうくよくよするのはやめよう」と気持ちに区切りをつけて歩き出す。空には月が出ていて、月も自分についてくる。

ミニ情報 1940年に日本川柳協会が発足し、前田雀郎、村田周魚、岸本水府、川上三太郎、麻生路郎、椙元紋太の6人（六大家・六巨頭）が、1965年ごろまで活やくした。

川柳を楽しもう！

川柳を鑑賞しよう

江戸時代の川柳は、皮肉をこめた句や、日常のちょっとしたできごとに目を向けた句などが見られます。また、当時の暮らしの様子をうかがうこともできます。味わってみましょう。

国の母生まれた文をだきあるき

意味 ふるさとの母親が孫が生まれたことを知らせる手紙を大切にだいている様子。

母親はもつたいないがだましよい

意味 いけないことだが、母親というものは子どもにあまく、だましやすい。

にげしなに覚えていろは負けたやつ

意味 「覚えてろ！」と去っていくのは、負けたほうだ。

相性は聞きたし年はかくしたし

意味 うらないで相性を知りたいが、年を言わないといけないのはちょっといやだなあ。

ひんぬいた大根で道をおしへられ

意味 農村で道を聞いたら、ひっこぬいた大根でさして教えてくれた。

かんざしも逆手に持てばおそろしい

意味 女性をかざるかんざしも、逆手にもたれると、さされるのではないかとこわいなあ。

美しい顔で楊貴妃ぶたを食い

意味 中国で、絶世の美女と言われた楊貴妃も、きれいな顔でぶたを食べたのだなあ。

どつからか出して女房帯を買い

意味 女房(妻)が、へそくりを出してきて帯を買っているよ。

里帰り話さぬことは母聞かず

意味 むすめが、とついだ先から家に帰ってきている。自分から話さないことは、母親もあえて聞かないようにしている。

煮加減は口でのの字を書いて見る

意味 いもの煮たものを味見するのに、熱くて口をもごもご動かしている。

古い木や買わず取り込むけちな湯屋

意味 たき木を買わず、そこらから拾ってくる銭湯があるが、なんともけちなことだ。芭蕉の「古池やかわづ飛びこむ水の音」の句をもじったもの。

ミニ情報 浮世絵師として有名な葛飾北斎は、卍などの名前で川柳もよくつくった。『誹風柳多留』に、182句が採用されている。『誹風柳多留』の序文を書いたり、選者を務めたりしたこともあった。

いろいろなテーマでつくった川柳を味わってみましょう。

テーマ：宇宙

いつの日かアプリで出会う火星人

出典：宇宙エンタメコンテスト
主催：ノバリ株式会社

テーマ：SDGs

打ち上がる私の恋はフライバイ
ハネムーン親はハワイで子はムーン

マイボトル忘れて家に舞い戻る
たいへんだちきゅうがおねつくすりどこ

出典：5・7・5でめざすよりよい未来小学生「SDGs川柳」コンクール
主催：朝日学生新聞社

テーマ：旅

予備知識薄めにしたら濃い旅に
都会出て最初の一言ビルたけぇ～

出典：日本旅のペンクラブ「旅の日」川柳

テーマ：健康

老いたのはその分元気でいた証
健康の理由はきっと孫の世話

出典：健康川柳
主催：株式会社ドクターズプラザ

テーマ：食品ロス・ゼロ

フードロス 残していいのは 笑顔だけ
規格外 人も野菜も 味がある

出典：令和６年度「めざせ！食品ロス・ゼロ」川柳コンテスト
主催：消費者庁

ミニ情報　川柳は気軽につくれることから、さまざまな企業や地方自治体などが主催してコンテストが行われている。テーマを決めて、それに関係する川柳を募集することが多い。

おまけの探検

狂歌

五・七・五・七・七の和歌と同じ形式の歌で、伝統的な和歌の格式などをあえてからかい、言葉遊びを楽しみます。昔の和歌のパロディも多くあります。

江戸時代後期の狂歌の流行

狂歌は、江戸時代前期には、上方(大阪・京都)を中心に、江戸時代後期には江戸(現在の東京)を中心に流行しました。18世紀後半の天明年間を中心に、江戸で多くの狂歌師が出て、最もさかんに行われました。

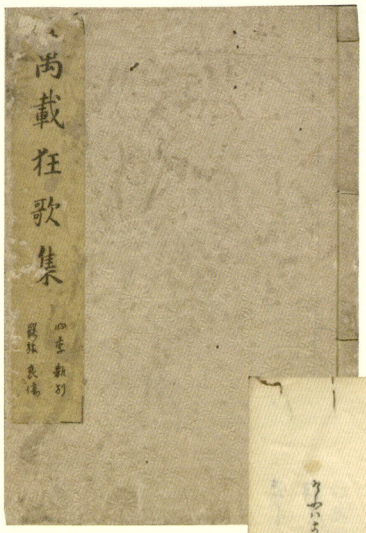

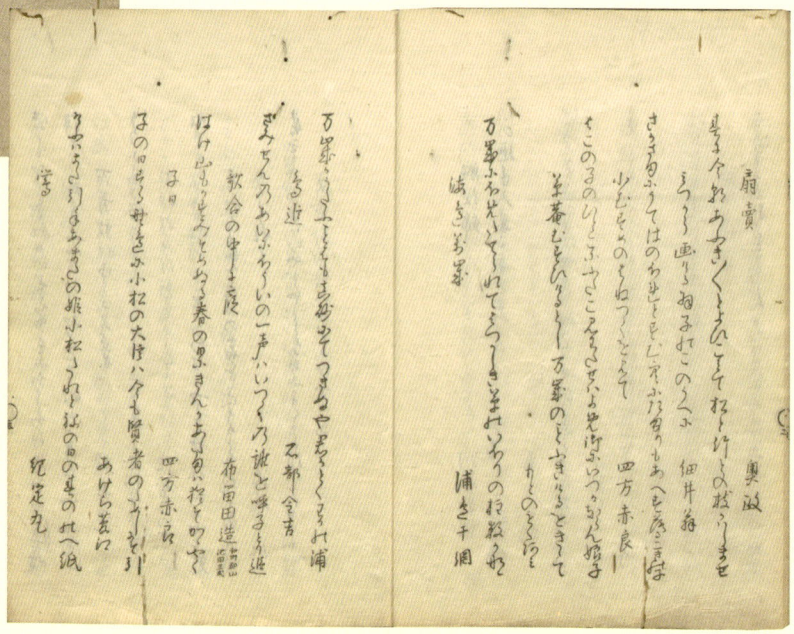

『萬載狂歌集』(武庫川女子大学附属図書館所蔵)
出典：国書データベース，https://doi.org/10.20730/100392051

狂歌流行の火付け役となった『万載狂歌集』。勅撰和歌集の『千載和歌集』(→11ページ)のパロディ。千を万に、和を狂にかえている。

代表的な狂歌師

大田南畝(蜀山人)

1749～1823年。江戸時代後期の狂歌師。四方赤良という名前も使いました。朱楽菅江とともに『万載狂歌集』を編集しました。洒落本(こっけいな小説)なども多く書いています。

朱楽菅江

1740～1800年(没年は、1798年とも)。江戸時代後期の狂歌師。俳諧や和歌を学び、大田南畝らと狂歌をつくり人気を得ました。洒落本(こっけいな小説)も書いています。

唐衣橘洲

1744～1802年。江戸時代後期の狂歌師。大田南畝、朱楽菅江とともに狂歌三大家といわれました。『狂歌若葉集』を刊行しましたが、『万載狂歌集』に比べると不評でした。

ミニ情報

狂歌師として知られる大田南畝は幕臣としても優秀だった。死ぬ前には「今までは人のことだと思ふたに俺が死ぬとはこいつはたまらん」という狂歌をよんだ。

さまざまな狂歌

ほとゝぎす鳴きつるあとにあきれたる
後徳大寺の有明の顔

大田南畝

意味 藤原実定(後徳大寺)の「ほとゝぎす鳴きつる方をながむればただ有明の月ぞ残れる」をふまえ、ほとゝぎすの鳴き声だけがして姿が見えないので後徳大寺のあきれた顔があるとからかっている。

泰平の眠りを覚ます上喜撰
たつた四杯で夜も眠れず

読み人知らず

意味 長い泰平の時代が続いていたが、1853年にアメリカのペリー率いる蒸気船四せきがやってきて大騒動になった。四はい(せき)の蒸気船で起こった騒動を、高級なお茶の上喜撰を四はい飲んでねむれないことにたとえて皮肉っている。

白河の清きに魚のすみかねて
もとの濁りの田沼こひしき

読み人知らず

意味 江戸時代中期に悪政を批判されて失脚した田沼意次にかわり、松平定信(白河藩主)が老中になった。だが、清廉すぎて息苦しい。水がきれいすぎると魚がすめないといわれるように、にごっていた田沼時代がなつかしい。

歌よみは下手こそよけれ
天地の動き出してたまるものかは

宿屋飯盛

意味 『古今和歌集』の仮名序(↓7ページ)に、「すぐれた和歌は天地を動かす」とあるのをふまえ、「歌人はへたなほうがよい。天地が動いてはたまらないから」とよんでいる。

とれば又とるほど損の行く年を
くるくるくるると思ふおろかさ

唐衣橘洲

年をとればとるほど損がいく(損をする)というのに、年が暮れて明けるのを待ち望んでいるのもおろかなものだなあ。

この世をばどりやお暇に線香の
煙と共に灰さやうなら

十返舎一九

意味 戯作者(小説家)だった一九が、死に際してよんだ狂歌。そろそろこの世をおさらばします。線香のけむりと灰といっしょに、「はい、さようなら」と、最後まで軽い調子で別れのあいさつをしたもの。

いつ見てもさてお若いと口々に
ほめそやさるる年ぞくやしき

朱楽菅江

意味 「いつ見てもお若いですね」というのは、年をとっているからこそである。だれからもそんなふうにほめられる年になったのがくやしいなあ。

ミニ情報 「それにつけても金のほしさよ」は、どんな上の句につけても狂歌になってしまう下の句として流行した。これを「金ほし付合」といった。

年表

和歌・俳句・川柳

年代	700	800	900	1000	1100	1200
時代	飛鳥	奈良	平安			鎌倉
主なできごと	都が平城京にうつされる	都が平安京にうつされる				鎌倉幕府が開かれる

和歌

8世紀半ば　『万葉集』ができる。

平安時代前期　『古今和歌集』ができる。

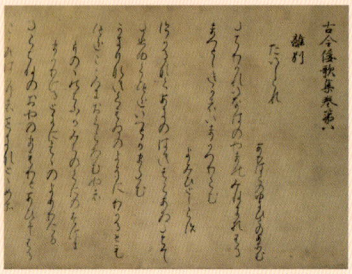

毛利博物館蔵

平安時代末期　『山家集』ができる。

鎌倉時代初期　『新古今和歌集』ができる。

1213　『金槐和歌集』ができる。

13世紀前半　藤原定家が「小倉百人一首」を選ぶ。

俳句

11～12世紀　連歌がさかんになる。

13世紀　連歌の会が開かれるようになる。

川柳

ミニ情報　『古今和歌集』の選者のひとり紀貫之は、6人の歌人を取り上げてそれぞれの歌風を批評している。僧正遍昭、在原業平、文屋康秀、喜撰法師、小野小町、大伴黒主で、六歌仙といわれる。

2000 | 1900 | 1800 | 1700 | 1600 | 1500 | 1400 | 1300

令和 | 平成 | 昭和 | 大正 | 明治 | 江戸 | 安土桃山 | 戦国 | 室町 | 南北朝

太平洋戦争 | 明治維新 | 江戸幕府が開かれる | 室町幕府が開かれる

1987 俳万智『サラダ記念日』

1901 与謝野晶子『みだれ髪』

1898 正岡子規が『歌よみに与ふる書』を連載する。

1439 最後の勅撰和歌集『新続古今和歌集』ができる。

1895 正岡子規が『俳諧大要』を著し、俳句革新運動が起こる。

1819 小林一茶『おらが春』（1852刊行）

1777 与謝蕪村『新花摘』

1694 松尾芭蕉『おくのほそ道』

17世紀前半 松永貞徳、西山宗因らが俳諧をつくる。

16世紀 俳諧（こっけいな）連歌が行われるようになる。

1488 宗祇が連歌の「水無瀬三吟百韻」をよむ。

20世紀前半 川柳六大家が活やくする。

1900年ごろ 川柳を刷新する動きが起こる。

1765 柄井川柳が選んだ句を編集した『誹風柳多留』ができる。

ミニ情報 芭蕉は多くの弟子を育てている。とくにすぐれた榎本其角、服部嵐雪、向井去来ら10人は「蕉門の十哲」と称される。去来は、芭蕉とその門人の俳論を『去来抄』にまとめている。

さくいん

あ行

あかねさす……14
秋元不死男……26
挙句……20
朱楽菅江……44、45
あしひきの……14
麻生路郎……41
天の橋立……14
在原業平……13、18、46
飯田蛇笏……34
石川啄木……16
『和泉式部集』……10
井上剣花坊……40
井原西鶴……34
上島鬼貫……27
有心……9
歌合……7
歌枕……14
『歌よみに与ふる書』……16
宇都宮敦……18
『海の声』……17
榎本其角……47
縁語……14
『笈の小文』……28
大海人皇子……18
凡河内躬恒……9、19
大田南畝……44、45
大伴黒主……46
大伴坂上郎女……8
大伴家持……8、19
『おくのほそ道』……28
小倉百人一首……12、46
尾崎放哉……26、32
小野小町……9、18、46
折り句……15

か行

加賀の千代……27
柿本人麻呂……8、18、19
掛詞……14
片歌……6
柄井川柳……38、47
からころも……14
唐衣橘洲……44、45
川上三太郎……41
河東碧梧桐……25、32、33
季重なり……27
季語……27、30
岸本水府……41
喜撰法師……46
紀貫之……9、46
紀友則……9
旧暦……31
狂歌……44、45
競技会……13
『玉葉和歌集』……11
切れ字……27
『金槐和歌集』……11、46
『金葉和歌集』……11
句会……34
『古今和歌集』 7、9、10、11、46
『後拾遺和歌集』……10、11
『後撰和歌集』……11
後鳥羽上皇……9
小林一茶……25、29、47
小林不浪人……41
呉陵軒可有……38

さ行

西行……9、11、19
歳時記……27、30
西東三鬼……34
斎藤茂吉……17、19
阪井久良伎……40
坂上是則……13
『山家集』……11、46
『散木奇歌集』……10
字余り……26
私家集……10
『詞花和歌集』……11
私撰集……11
字足らず……26
十返舎一九……45
持統天皇……13
寂蓮法師……13
『赤光』……17
『拾遺和歌集』……10、11
蕉門の十哲……47
『続古今和歌集』……11
『続後拾遺和歌集』……11
『続後撰和歌集』……11
『続拾遺和歌集』……11
『続千載和歌集』……11
序詞……14
白河の関……14
『新古今和歌集』… 9、11、12、46
『新後拾遺和歌集』……11
『新後撰和歌集』……11
『新拾遺和歌集』……11
『新続古今和歌集』……11、47
『新千載和歌集』……11
『新勅撰和歌集』……11、12
椙元紋太……41
須佐神社……21
清少納言……13
旋頭歌……6
『千載和歌集』……11
雑歌……8
宗祇……21、24、47
僧正遍昭……46
贈答……7
相聞歌……8
素性法師……19

た行

題詠……7
体言止め……15
平 忠度……11
平 兼盛……13
高木角恋坊……41
高浜虚子……25、27、32、33
種田山頭火……26、27、32
たらちねの……14
俵万智……18、47
短歌……6
ちはやぶる……14
長歌……6
『長秋詠藻』……11
勅撰和歌集……9、10
『菟玖波集』……21
『筑波問答』……21
鶴彬……41

な行

中村草田男……32、34
中村汀女……32、33
夏目漱石……33
西山宗因……24、47
二条良基……21
額田王……8
ぬばたまの……14
『野ざらし紀行』……28

は行

俳画……35
俳諧……24、47
『誹風柳多留』……39、47
服部嵐雪……34、47
挽歌……8、19
ひさかたの……14
百人秀歌……12
『風雅和歌集』……11
藤原定家……9、12、46
藤原俊成……11
仏足石歌……7
文屋康秀……46
発句……20
『ホトトギス』……32
穂村弘……19
本歌取り……15

ま行

前句付……38
前田雀郎……41
枕詞……5、14
正岡子規… 16、25、27、32、47
松尾芭蕉… 25、26、27、28、47
松永貞徳……24、47
『万載狂歌集』……44
『万葉集』……8、46
万葉仮名……8
『みだれ髪』……17
水無瀬川……14
『水無瀬三吟百韻』…… 20、21、47
源 実朝……11
源 俊頼……10
壬生忠見……13
壬生忠岑……9
向井去来……47
無季……27
紫 式部……13
村田周魚……41
物名……15

や行

やくもたつ……14
宿屋飯盛……45
山口素堂……27
山上憶良……8
山部赤人……8、19
幽玄……9
与謝野晶子……17、47
与謝蕪村……25、29、35、47
読み人知らず……11、45

ら行

良暹法師……13
連歌……20、46
六歌仙……46

わ行

若山牧水……17、19
脇句……20

参考文献

稲田和浩・著『日本文化論序説』彩流社
大修館書店編集部・編『社会人のためのビジュアルカラー国語百科』大修館書店
『改訂新版　最新国語便覧』浜島書店
足立直子ほか・監修『プレミアムカラー国語便覧』数研出版
加藤康子・監修『日本の古典大事典』あかね書房
吉海直人・監修『百人一首大事典』あかね書房
中村幸弘・藤井圀彦・監修『短歌・俳句　季語辞典』ポプラ社
おおやなぎ　ちか・著『わくわく子ども俳句スクール　1～3』国土社
浜田義一郎・編『江戸川柳辞典』東京堂出版
社団法人全日本川柳協会・編『川柳入門事典』葉文館出版
尾藤三柳・著『川柳入門―歴史と鑑賞―』雄山閣出版
渡辺信一郎・著『江戸川柳』岩波書店
ほか

監修　文京学院大学外国語学部非常勤講師　稲田和浩（日本文化論、芸術学）
編集協力　有限会社大悠社
表紙写真　PIXTA
『画本柳樽』（江戸東京博物館所蔵）　出典：国書データベース，https://doi.org/10.20730/100455669
表紙デザイン　株式会社キガミッツ
本文デザイン　中トミデザイン
イラスト　森永みぐ、渡辺潔

いっしょに探検！　日本の伝統文化と芸術（全4巻）
❷和歌・俳句・川柳を探検！

2025年4月　初版発行
発行者　岩本邦宏
発行所　株式会社教育画劇
〒151-0051 東京都渋谷区千駄ヶ谷5-17-15
TEL：03-3341-3400
FAX：03-3341-8365
https://www.kyouikugageki.co.jp
印刷　株式会社あかね印刷工芸社
製本　大村製本株式会社

48P NDC911 ISBN978-4-7746-2348-1
（全4冊セット ISBN978-4-7746-3327-5）

Published by Kyouikugageki, inc., Printed in Japan
本書の無断転写・複製・転載を禁じます。乱丁、落丁本はお取り替えいたします。